M. Angela Maiolo

Blumenfeen

M. Angela Maiolo

Blumenfeen

Kleine Puppen aus Stoff und Filz

Augustus

Vorwort

Nachdem ich seit 17 Jahren Kurse leite, zum Basteln von Puppen, Clowns, Hexen oder Katzen, tauchte während einer Autofahrt plötzlich die Idee auf, Blumen als Puppen darzustellen. Ich liebe Blumen, sie gehören zu meinem täglichen Leben, und so kam mir diese Idee immer näher. Ich beobachtete echte Blumen noch intensiver als vorher. Dabei fiel mir auf, dass ich schon fast verlernt hatte, die Augen länger auf etwas ruhen zu lassen.

Das Gefühl, dass die Blumen-Puppen zur Sucht werden könnten, war gleich da. Und tatsächlich! Kaum waren die ersten Blumen-Kinder zur Ansicht aufgestellt, zeigten die Kunden unseres Bastelzentrums großes Interesse. Sie konnten es kaum erwarten, bis die ersten Kurse durchgeführt wurden. Eine liebenswürdige Fee M.B. aus meinem Bekanntenkreis brachte mir ein Feenbüchlein zur Ansicht. Somit vergrößerte sich meine Fantasie und ich nannte meine Puppen nun Blumenfeen. Trotzdem ist die Beobachtung der echten Blumen immer noch das Wichtigste für mich. Dank diesem Büchlein werden Sie bestimmt auch der Natur mehr Beachtung schenken und vielleicht auch eigene Blumenfeen entwickeln.
Für jede Jahreszeit gibt es die passende Fee. Das Material dazu ist in Hobby- und Bastelgeschäften problemlos erhältlich.

Außerdem dient dieses Büchlein auch einem anderen Zweck: Die wunderbaren Fotos können Sie kopieren und als Glückwunschkarten verschicken. Verbunden mit einem Blumenstrauß bereiten Sie Ihren Bekannten und Freunden so eine Freude.

Viel Spaß und Erfolg

Inhalt

Material und Werkzeug

Das brauchen Sie für eine Blumenfee:

- Beni-Maske (z.B. von Glorex), auch ein Vinylkopf ist verwendbar
- Figurengestell, 18 oder 25 cm groß
- 1 Paar Bleifüsse, 4 cm groß
- Blumendraht
- Puppenleim (z.B. von Glorex)
- Füllwatte
- Perücke, Größe 15, oder Fellreste (Zapfenzieher-Lammfell)
- 10 cm Tricot, hautfarbig
- 10 cm Duvetine, hautfarbig
- Filz in verschiedenen Farben
- Farbigen und weissen Baumwollstoff zum Bemalen
- Schmales Satinband
- Vliesofix, doppelseitig aufbügelbar
- Augen-Acryl-Farben: weiß, grün, schwarz und rot, mit Pinsel Nr. 1
- Stoffmalfarben: weiß, rot, blau oder andere Farben nach Wunsch, mit Pinsel Nr. 4

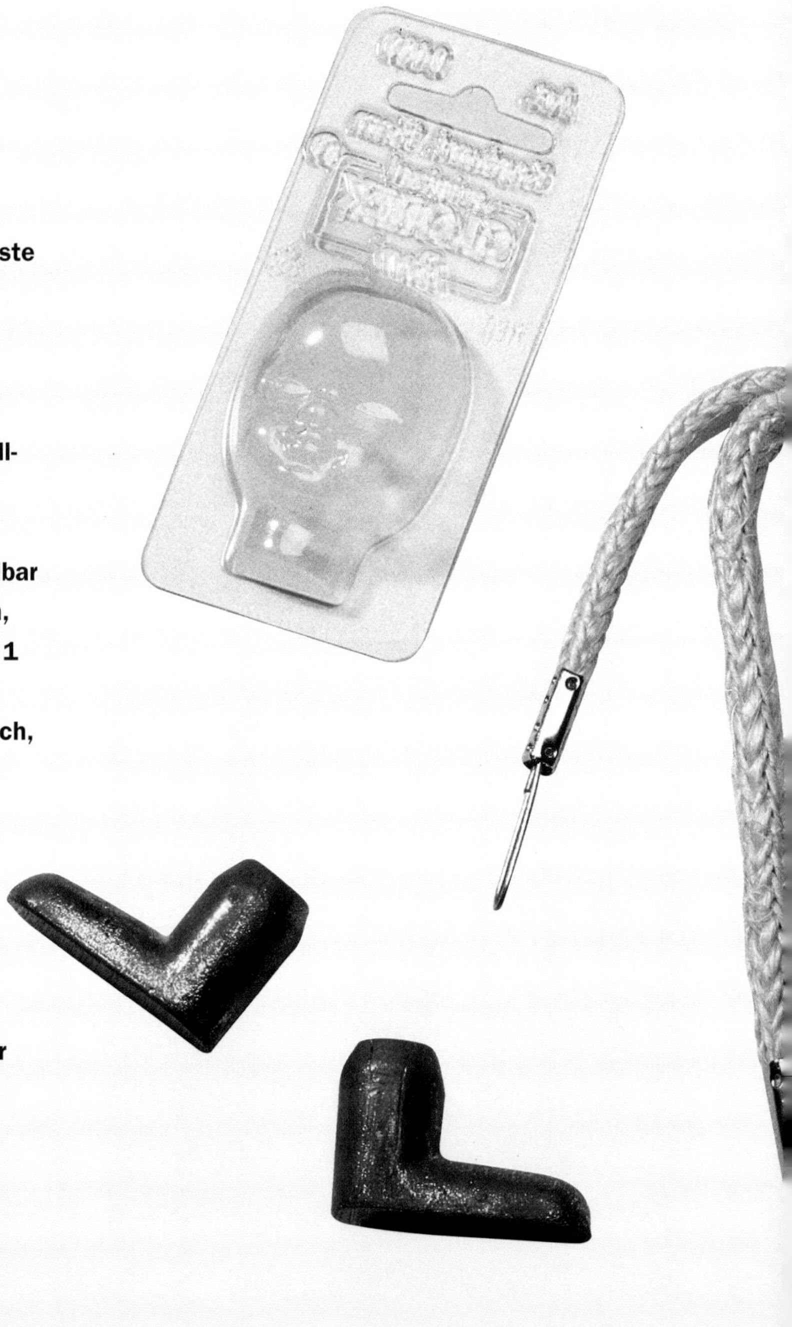

Werkzeuge

- Schere
- Zickzackschere
- Drahtzange
- Rundzange
- Phantomstift oder wasserfester Filzstift
- Heißklebepistole oder Universalkleber
- Nähutensilien

Das Figurengestell

1. Die obere Drahtschlinge wird in den Puppenkopf gesteckt.

2. Die Drahtschlingen an den Armen benützt man für die Hände des Zwergs und des Marienkäfers, auch für manche Blätter, Knospen und Wurzeln der Blumenfeen sind sie notwendig. Wenn nicht, lässt sich diese Schlinge mit Hilfe einer Zange herausziehen.

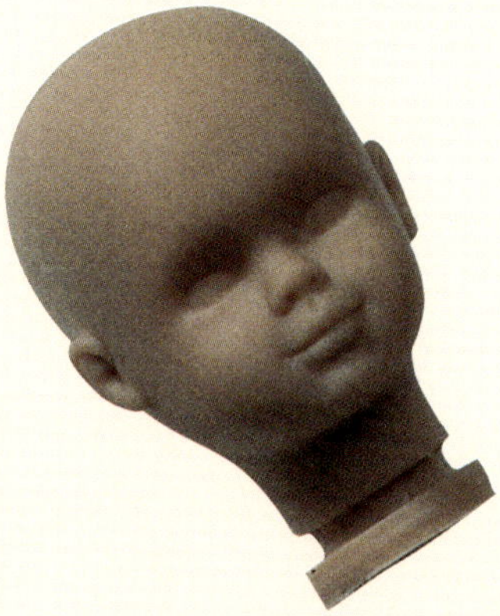

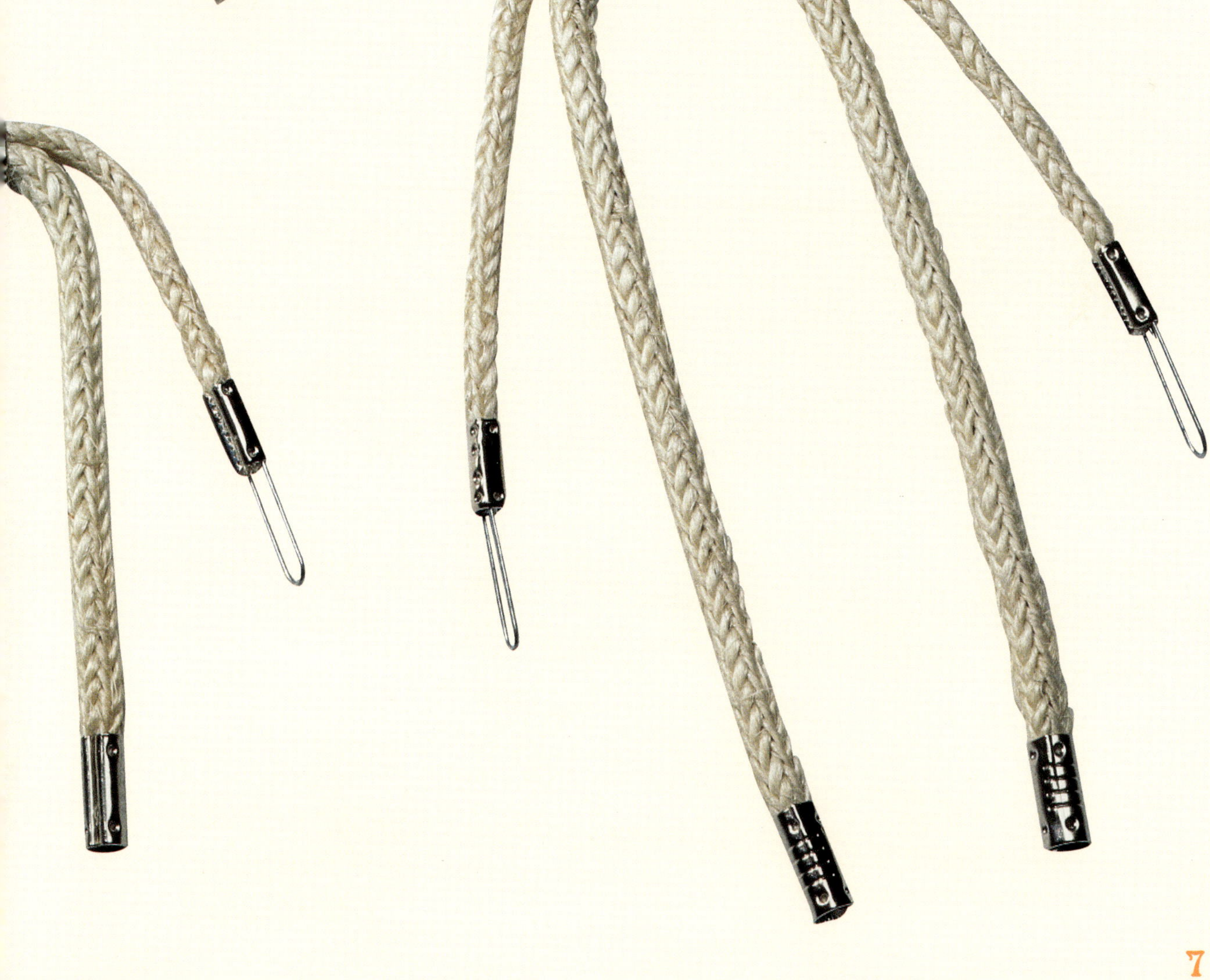

3. Die Bleifüße werden halbvoll mit Heißleim gefüllt. Die Drahtschlingen am Ende der Beine werden ebenfalls mit Leim bestrichen und sofort in die Bleifüße gesteckt. Fußstellung einrichten und gut trocknen lassen.

4. + 5.
Die Bleifüße werden mit Duvetine überzogen. Ein 9 x 9 cm großes Duvetine-Quadrat zuschneiden und diagonal auf den mit Puppenleim bestrichenen Bleifuß von vorne nach hinten auflegen. Sorgfältig andrücken.

6. Die überflüssige Duvetine hinten und unten am Bleifuß entlang abschneiden. Alles schön faltenlos streichen, bevor der Leim ganz trocken ist.

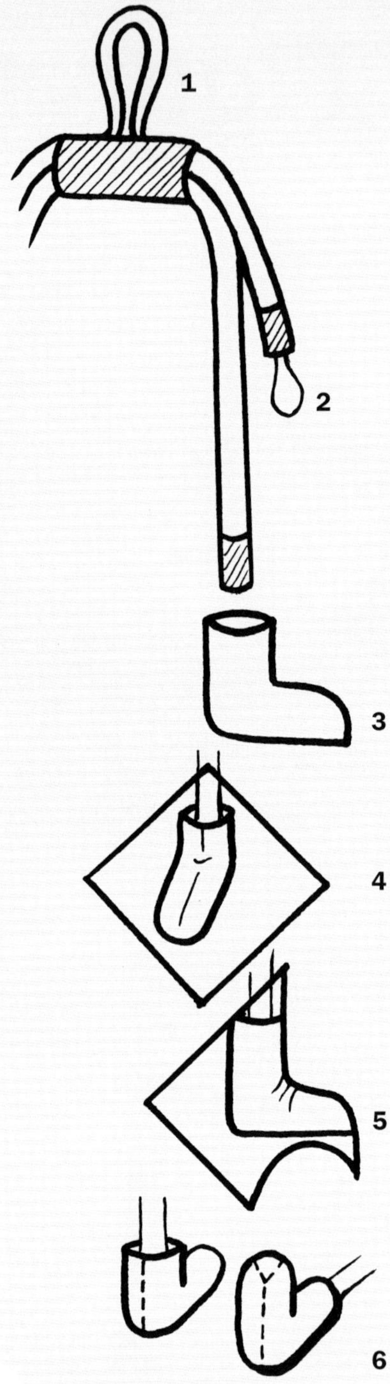

Der Körper

Für die Grundbekleidung schneiden Sie aus hautfarbigem Filz folgende Teile zu:

	Große Fee (25 cm)	**Kleine Fee (18 cm)**
Körper, 1 Teil	10 x 21,5 cm	7,5 x 16 cm
Beine, 2 Teile	4 x 16,5 cm	4 x 14 cm
Arme, 2 Teile	3 x 13 cm	3 x 12,5 cm

So überziehen Sie das Figurengestell mit Filz:

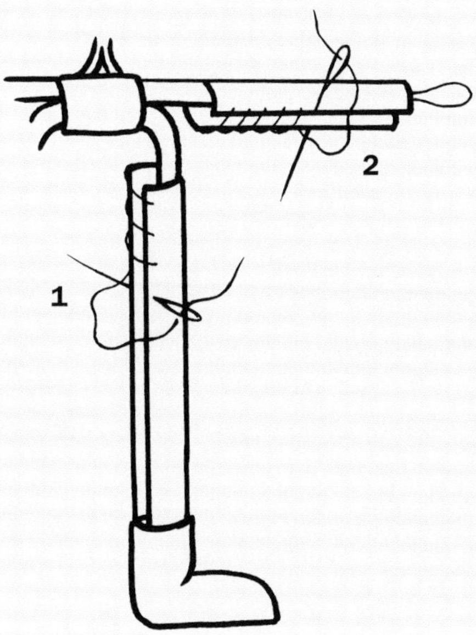

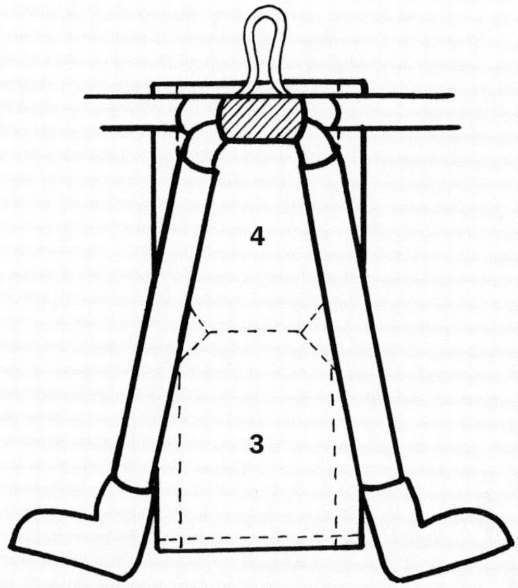

Arme und Beine

Drahtgestell mit hautfarbigem Filz in den oben angegebenen Größen umwickeln. Die Längsseiten der Filzrechtecke werden bei den Beinen auf der Innenseite, bei den Armen auf der Unterseite mit Überwendlungsstichen zusammengenäht (in der Zeichnung links 1 und 2).

Wichtig

Bei ärmellosen Kleidern müssen die Arme noch zusätzlich mit grünem Filz überzogen oder überklebt werden.

Hände

Ein Duvetine-Quadrat in der Größe 4 x 4 cm zuschneiden und über die Drahtschlaufe an den Armen ziehen. Im Handgelenk mit starkem Faden umwickeln und gut vernähen.
(Wenn für die Blumenfee keine Hände gebraucht werden, ziehen Sie die Drahtschlingen einfach ab und nähen Sie die Ärmel des Oberteils rund zu.)

Körper

Das in der oben angegebenen Größe zugeschnittene Filzteil an den Längsseiten 1 cm nach innen falten und mit Heftfaden befestigen. Figurengestell auf das Körper-Filzteil legen. Die untere Hälfte zwischen den Beinen durchholen und an den Schultern Kante auf Kante legen (in der Zeichnung oben 3 auf 4).

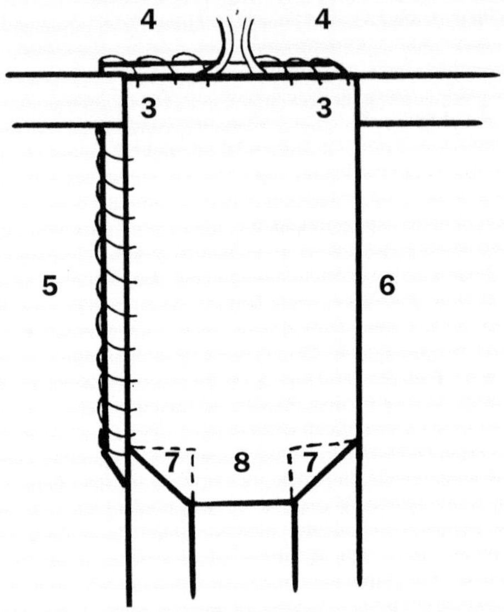

Vorlagen übertragen

Auch an den Schultern (= Schmalseiten) den Filz nun 1/2 cm nach innen falten, mit Stecknadeln befestigen und mit Überwendlungsstichen zusammennähen.
Eine Seitennaht (in der Zeichnung 5) mit Überwendlungsstichen zunähen. Durch die zweite Öffnung (6) den Körper zuerst mit Füllwatte sehr gut ausstopfen und dann ebenfalls zunähen.
Für einen schönen, faltenlosen Beinausschnitt beide Ecken (7) auf die innere Seite der Bruchkante (8) klappen.

Wichtig

Normalerweise wird die Öffnung der Weste vorne von den Blütenblättern bedeckt. Bei den Feen, bei denen dies nicht der Fall ist (Schneeglöckchen, Schmetterling, Marienkäfer, Brombeere, Kastanie, Stechpalme), müssen Sie den Körper noch mit farbigem Stoff oder Satin überziehen.

Die Schnitte in Originalgröße finden Sie auf dem Vorlagenbogen. Für den Kopf, die Schuhe, die Hose und die Mütze verwenden Sie für alle Blumenfeen denselben Schnitt; ansonsten ist jeweils angegeben, welche Vorlage zu welcher Blume gehört.

Zum Übertragen können Sie den jeweiligen Schnitt einfach auf den Stoff oder Filz legen und durchpausen. Wenn Sie Ihren Vorlagenbogen nicht beschädigen wollen oder einige Schnittteile immer wieder verwenden müssen, lohnt es sich, eine richtige Schablone anzufertigen. Dazu kopieren Sie den entsprechenden Schnitt auf dem Kopierer und schneiden das gewünschte Teil aus. So können Sie den Schnitt mit Stecknadeln auf dem Filz oder Stoff feststecken und rundum zuschneiden.

Für die Blätter, aber auch für manche Kleidungsstücke benötigen Sie häufig zwei gleich große Schnittteile. Am einfachsten erhalten Sie diese, wenn Sie den Filz doppelt legen und nach Vorlage durch beide Lagen auf einmal schneiden. Bei den Anleitungen und den Schnitten ist dies mit „im Doppel zuschneiden“ vermerkt: „2 x Filz im Doppel“ heißt also, daß Sie nach einer Vorlage am Ende vier Filzteile erhalten, die Sie dann zu zwei Blättern (oder sonstigen Teilen) zusammennähen oder -kleben.

Der Kopf

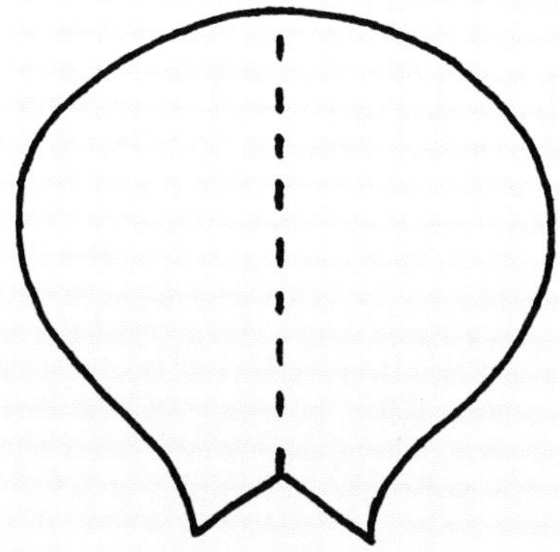

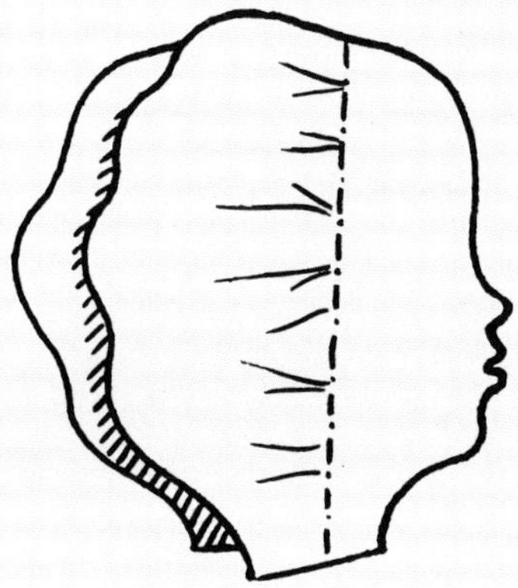

1. Schneiden Sie aus hautfarbenem Tricot-Stoff das Kopfteil gemäß Vorlage auf dem Vorlagenbogen zu. Achten Sie dabei auf geraden Fadenlauf.

2. Den Stoff in der Mitte falten, die Falte entspricht der Gesichtsmittellinie. Falte mit dem Daumennagel einfalzen, sodass die Linie gut sichtbar ist.

3. Den Maskenrand am Beni-Kopf von der Rückseite her sauber wegschneiden. Am Hals eignet sich dafür gut eine Nagelschere.

4. Puppenleim mit einem Pinsel gleichmäßig auf die Maske auftragen, aber nur bis zur Augenbrauenhöhe.

5. Vorgefalteten Tricot auf die Maske legen, sodass die Falte genau über die Nasenspitze läuft. Unterhalb des Halses sollte höchstens 1/2 cm Stoff überstehen.

6. Stoff mit beiden Zeigefingern in die Augen drücken, anschließend links und rechts auf der Nase, unterhalb der Nase sowie an der Mundpartie gut andrücken.

7. Stoff unterhalb des Kinns von der Mitte aus seitlich ziehen und gleichzeitig andrücken.

8. Kopf in die linke Hand nehmen. Stoff an den beiden Kopfseiten kräftig nach außen ziehen und mit beiden Daumen abwechselnd gegen den Rand massieren.

9. Tricot oben zurückschlagen und verbleibendes Gesichtsdrittel ebenfalls gleichmäßig mit Leim bestreichen.

Vorsicht

Tropfen Sie keinen Leim auf den Stoff, sonst gibt es Flecken.

10. Tricot oben in der Mitte fassen und kräftig nach hinten ziehen. Gleichzeitig wieder mit dem Daumen gut andrücken.

11. Verbleibende Falten links und rechts ebenfalls kräftig nach hinten ziehen und gut andrücken.

Fertig! Kontrollieren Sie noch einmal, ob der Stoff überall gut klebt, speziell in den Vertiefungen und unterhalb des Kinns. Wenn nötig, Tricot nochmals lösen, wenig Leim auf den Kopf auftragen und wieder andrücken.

Bemalen des Gesichts

Die Augen

Am besten eignen sich für das Malen der Augen die speziellen Acryl-Augenfarben für Tricot-Puppen; sie sind nach dem Trocknen absolut waschecht. Zum Auftragen nehmen Sie feine, spitzige Pinsel Nr. 1 oder 2. Die Farben sollten Sie vorher immer gut schütteln.
Für die Linien können Sie auch superfeine, wasserfeste Filzstifte verwenden. Aber Achtung: Die Filzstifte können nicht übermalt werden!

1. Zuerst wird die Iris gemalt (blau, grün oder braun). Mischen Sie die Farbe, bis sie Ihnen gefällt (auf einem Stück Stoff ausprobieren). Malen Sie damit zwei kleine Punkte in der Mitte des Auges. Nun vergrößern Sie diese abwechselnd, bis beide gleich groß sind. Auch ein halbes Oval sieht gut aus.

2. Jede Farbe gut trocken lassen, bevor Sie weiter malen.

3. Jetzt werden die weißen Ecken angesetzt. Malen Sie das Weiß eher zu klein als zu groß.

4. Der schwarze Lidstrich überdeckt das Auge und zeichnet so die unterste Kante des Oberlides. Eine zweite Linie darüber kann die Lidfalte bezeichen. Das untere Lid möglichst weglassen.

5. Malen Sie die Braue nicht zu dicht über das Auge, der Ausdruck wird sonst streng oder traurig.

6. Die Pupille ist schwarz und sitzt in der Mitte der Iris. Falls Sie möchten, dass das Lid die Iris halb bedeckt, müssen Sie sie nach oben verschieben.

7. Ein kleiner weißer Punkt (Augenlicht) gibt dem Auge den Ausdruck; er sitzt etwas seitlich versetzt in der Pupille. Achten Sie darauf, dass er bei beiden Augen auf der gleichen Seite angebracht wird.

8. Wenn Sie die Augenfarbe der Iris an einer Seite aufhellen (Augenfarbe mit etwas Weiß mischen und mit einem Pinselstrich auftragen), geben Sie den Augen mehr Tiefe.

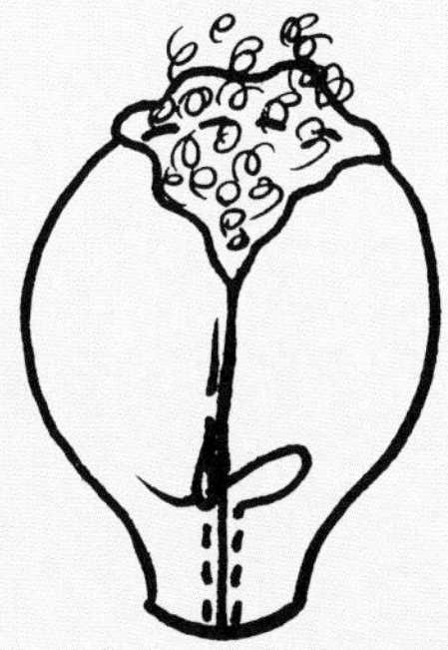

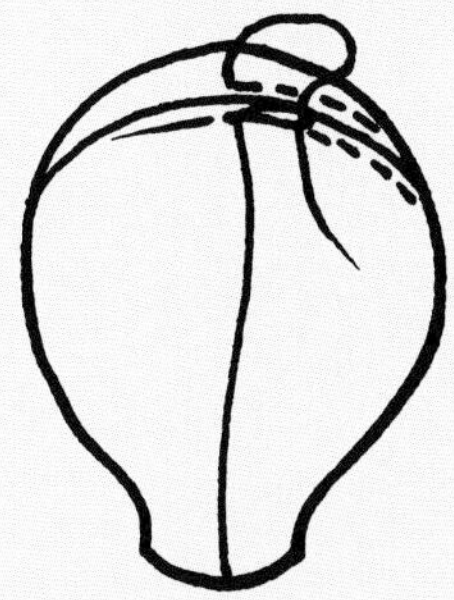

Bitte denken Sie jedoch daran: Es ist noch kein Meister vom Himmel gefallen!
Falls beim Malen wirklich einmal etwas verpatzt werden sollte, können Sie den Stoff von der Maske wegreißen und wieder neu bekleben.

Die Lippen und Wangen

Die Lippen können zart-rosa oder rot nachgezogen werden. Achten Sie dabei darauf, dass Sie die Mundwinkel nicht nach unten ziehen, sonst wird der Ausdruck mürrisch.

Wenn Ihnen die Puppe zu blass erscheint, können Sie auch die Wangen leicht tönen. Am besten eignet sich dazu Gesichtspuder, dieser löst sich mit der Zeit allerdings ab. Haltbarer ist es, wenn Sie ein Stück Filz mit einem roten Farbstift anfärben und damit die Wange betupfen.

Kopf fertigstellen

1. Rückwärtige Kopfnaht von Hand mit Matratzenstichen (von unten nach oben) schließen, bis nur noch ein Loch zum Ausstopfen bleibt.

2. Von oben her mit Füllwatte stopfen. Den restlichen Tricot-Stoff ebenfalls in die Maske stopfen, so dass eine Quernaht entsteht, die mit Matratzenstichen zugenäht wird.

3. Die Drahtschlaufe am Hals des Figurengestells in den noch nicht prall gestopften Kopf einführen.

4. Vordere Hälfte des Halses mit Matratzenstichen an den Filzkörper annähen. Die hintere Hälfte des Halses braucht meistens noch ein wenig Stopfwatte; sobald sie faltenlos ist, können Sie auch die hintere Naht mit Matratzenstichen zunähen.

Blütenstaub und Blütenblätter

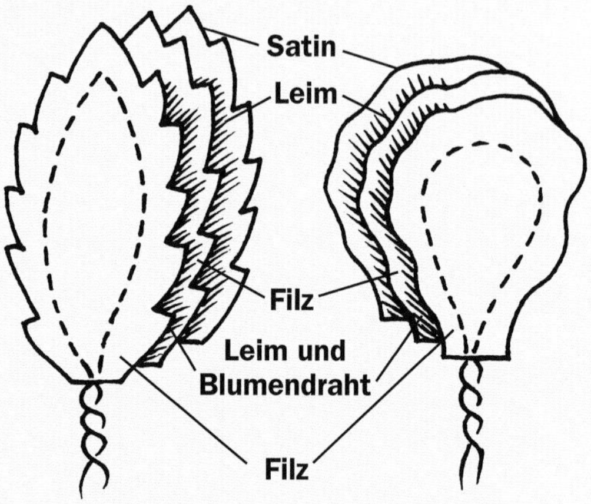

Alle Teile werden nach Schnittmuster gemäß Vorlagenbogen zugeschnitten und mit Puppenleim geklebt.

Blütenstaub

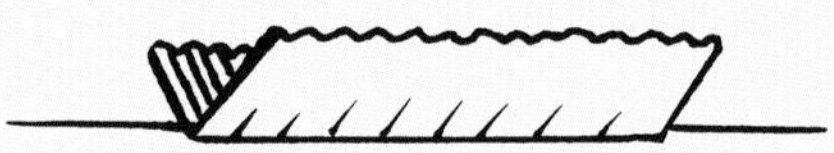

Für den Blütenstaub (= Kragen der Blumenfeen) schneiden Sie ein Filzrechteck in der gewünschten Farbe zu:
für großen Kragen 5 x 25 cm
für kleinen Kragen 4 x 20 cm.
Den Filz ganzflächig mit Leim bestreichen.
Ein Stück Blumendraht mittig auf die Bruchkante legen.
Die eine Hälfte des Filz über die andere klappen und sorgfältig andrücken.
Beidseitig den Filz zusammenschieben, bis er sich einkräuselt. Mit den restlichen Drahtenden wird die Krause um den Hals gebunden.

Blütenblätter

Jedes Blatt besteht aus zwei gleich großen, aber gegengleichen Filzteilen (nach Vorlagenbogen zuschneiden). Zwischen den beiden Teilen liegt ein geformtes Stück Blumendraht (siehe Zeichnung oben). Am einfachsten erhalten Sie zwei passende Blattteile, wenn Sie den Filz doppelt legen und nach Vorlage durch beide Lagen auf einmal schneiden. Streichen Sie eines der beiden Blattteile mit Puppenleim ein, legen Sie den in Form gebogenen Blumendraht darauf und kleben Sie das zweite Filzteil dagegen.
Die Drahtstiele sollten unten ca. 6 cm lang überstehen für die Befestigung.
Wenn Sie möchten, dass sich die grünen Blätter ein wenig wellen, können Sie, bevor die Leimschicht ganz trocken ist, das Blatt an beiden Seiten etwas zusammenschieben.

Damit sich die Oberfläche der Blütenblätter mit Stoffmalfarben gut bemalen lässt, besteht die Möglichkeit, bei fertig zusammengeklebten Filzblättern noch ein genügend großes Stück weißen oder farbigen Satinstoff auf die Oberfläche zu kleben. Sobald der Leim gut angetrocknet ist, schneiden Sie den überstehenden Satin ab; so franst er nicht aus.

Stoffmalfarben lassen sich gut miteinander vermischen, deswegen brauchen Sie nicht unbedingt eine breite Palette an Farben zu kaufen. Sie können z.B. Weiß, Blau und Rot mischen für ein schönes Violett (für die Iris auf Seite 24) oder Weiß und Rot für ein sanftes Rosa (für die Rose auf Seite 30).

Die Befestigung der Blütenkrone

1. Beginnen Sie immer mit dem innersten Teil der Blütenkrone, z.B. mit dem Blütenstaub.

2. a) Schneiden Sie 20 cm lange Blumendrahtstücke zu, so viele, wie Ihre Blumenfee Halskrausen bekommen soll. Aus jedem Draht wird ein Ring geformt, auf dem Sie eine bestimmte Anzahl Blütenblätter befestigen und um den Hals binden können.

b) Für die Befestigung schlingen Sie die beiden Drahtenden der Blätter um den Ring. Wiederholen Sie das bei jedem weiteren Blatt, bis Sie die erforderliche Anzahl Blätter „aufgefädelt" haben.

c) Für nach unten gebogene Blätter wird der gleiche Arbeitsschritt 2 b) noch einmal wiederholt. Soll eine Fee z.B. 30 Blätter haben, dann können Sie diese Blumenkrone besser verteilen, wenn Sie drei Ringe von je zehn Blättern anfertigen. Ganz am Schluss werden die einzelnen Blätter geformt, wie die Natur es vormacht.

d) Teilen Sie die Drahtenden so, dass die eine Hälfte am Rücken und die andere am Bauch mit Überwendlungsstichen befestigt werden kann.

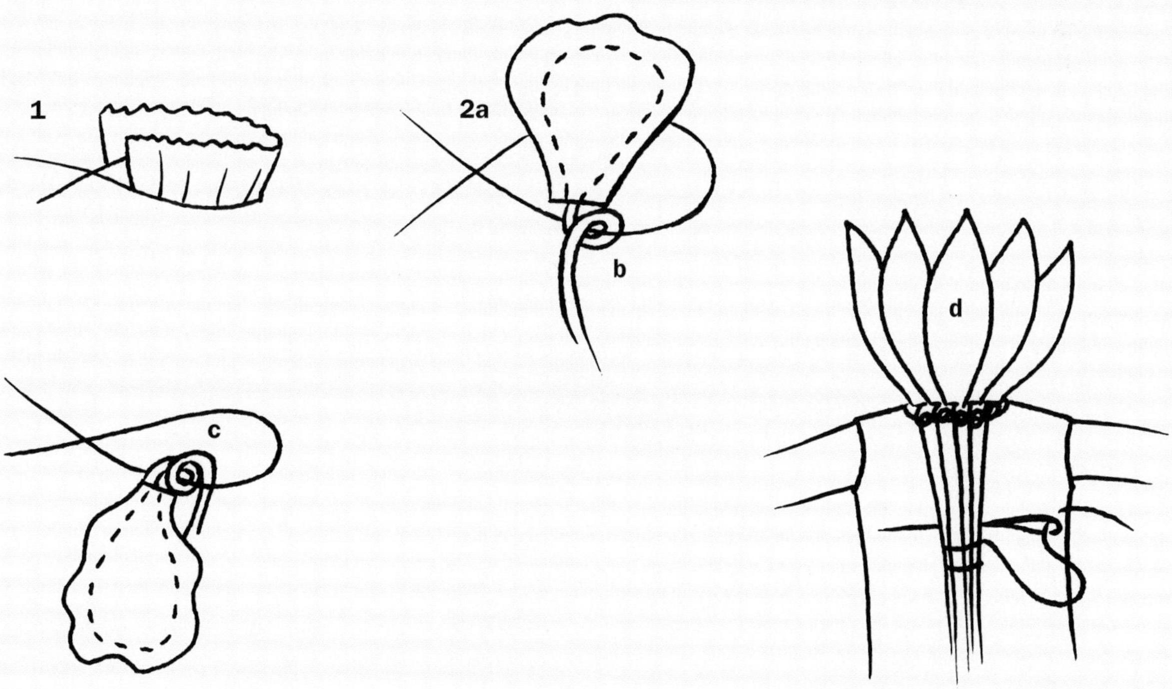

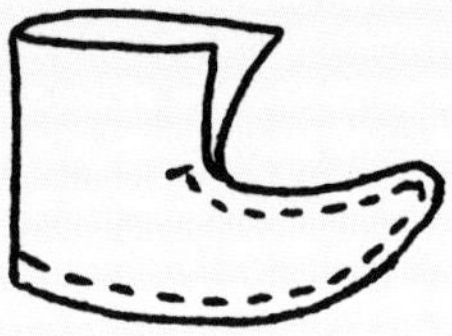

1

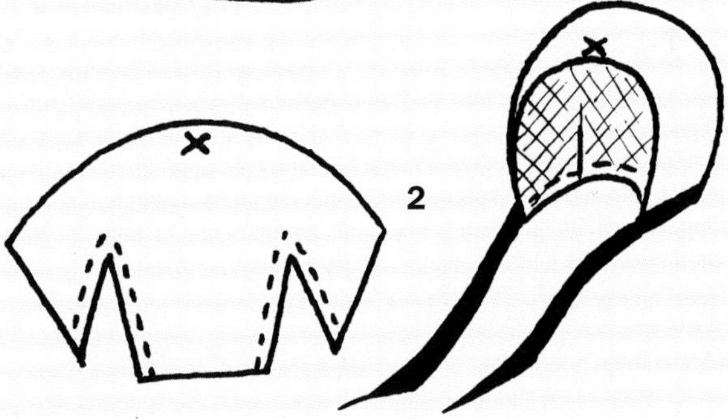

2

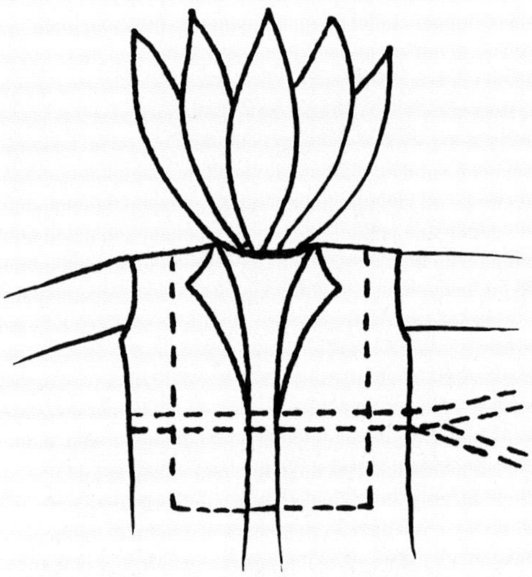

3

Die Kleidung

Jacken, Hosen, Mützen und Schuhe werden nach den Schnitten auf dem Vorlagenbogen aus Filz zugeschnitten und genäht. Jacken und Westen dürfen Sie natürlich nur an der Vorderseite aufschneiden.

Die Nähte sind als gestrichelte Linien gezeichnet. Vor dem Zuschneiden sollten Sie die Nahtlinien möglichst auch auf den Stoff übertragen; dann legen Sie die Kleidungsteile rechts auf rechts zusammen und nähen sie entlang der Nahtlinie (siehe Zeichnungen 1 und 2). Nach dem Wenden können Sie Ihre Fee damit anziehen.

Mützen und Schuhe sind für alle Blumenfeen gleich groß. Bei der Hose gibt es zwei Varianten, eine kleinere für den Marienkäfer und den Zwerg und eine größere für alle übrigen Feen.

Eventuell können Sie den Filz für die Kleidung noch mit Baumwollstoff doppeln. Dazu bügeln Sie zuerst den Stoff auf den Filz mit doppelseitig klebendem Vliesofix auf, dann schneiden Sie das Kleidungsstück gemäß Vorlagenbogen zu und nähen es wie gewohnt.

Die Arme an den Figurengestellen können unterschiedlich lang sein; deshalb sollten Sie die Ärmellänge der Jacke immer erst ausmessen, bevor Sie sie zuschneiden!

Alle Blumenjacken und -westen sind vorne offen, damit Sie sie problemlos anziehen können. Deswegen sind bei den meisten Feen die Drahtenden der Blütenkrone am Vorderteil entlang sichtbar.

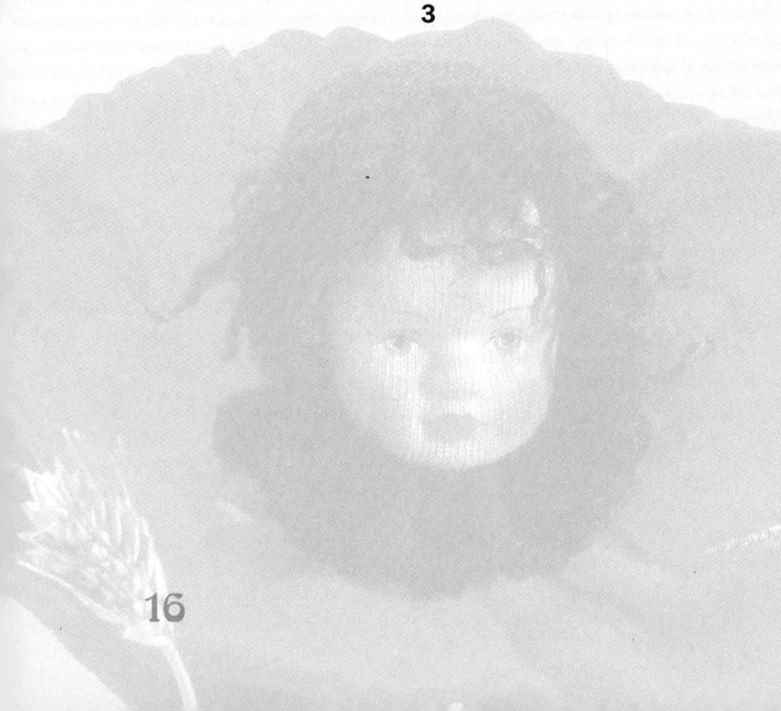

Sollte das stören, dann nähen Sie noch ein Stück Filz (siehe Zeichnung 3) darüber, bevor Sie das Kleidungsstück anziehen.

Jede Fee hat einen Gürtel aus ca. 35 cm Satinband.

An der Mütze nähen Sie an der unteren Kante noch ein Satinband an, damit Sie sie binden können.

Die Nähte der Schuhe und Hosen sollten nur ca. 2 mm Nahtzugabe enthalten, sonst sind sie zu klein.

Orchidee

(Vorlagenbogen Seite A)

Vorlagen:

Kragen,
Wurzel,
Blütenblätter,
grüne Blätter,
Weste

1 KRAGEN

1 x aus dunkelrosa Filz im Doppel.
1 x aus weißem Satin einfach (zum Bemalen).
2 Teile Blumendraht formen (siehe Zeichnung 1).

5 BLÜTENBLÄTTER ALS KRONE

5 x aus dunkelrosa Filz im Doppel
(oder 5 x aus hellrosa,
5 x aus dunkelrosa Filz).
5 Teile Blumendraht formen (siehe Zeichnung 2).

2 GRÜNE BLÄTTER

2 x aus dunkelgrünem Filz im Doppel.
2 Teile Blumendraht formen (siehe Zeichnung 3).
Die Drahtenden ca. 15 cm lang lassen, aufeinanderlegen und zusammendrehen. Für die Befestigung der Blätter den Hals mit den Drahtenden umschlingen wie mit einem Schal (siehe Zeichnung 4).

2 WURZELN ALS ARME

2 x aus hellgrünem Filz einfach.
Um die Arme kleben, so dass am Ende die Wurzel eine Spitze bildet.

ÄRMELLOSE WESTE

1 x aus dunkelgrünem Filz im Doppel.

HOSE

1 x aus mittelgrünem Filz im Doppel.

SCHUHE

2 x aus dunkelrosa Filz einfach.

HAARE

1 x aus Zapfenzieherfell, schwarz kurz.

MÜTZE

1 x aus violettem Filz einfach.

Gürtel aus rosa Satinband.

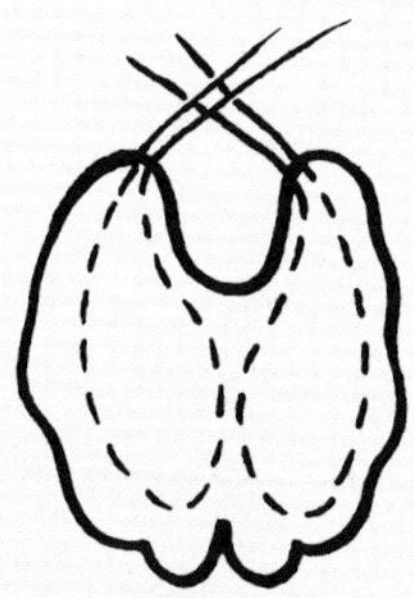

1

2

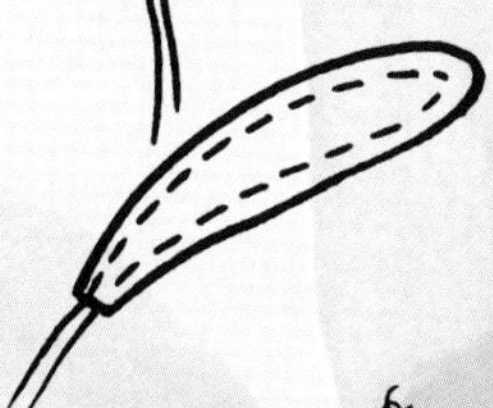

3

4

Schneeglöckchen

(Vorlagenbogen Seite A)

Vorlagen:

Jacke,
Blütenblätter,
grüner Stiel,
grüne Blätter,
Handschuh,
Socken

Diese Fee hat eine Blütenkrone statt einer Mütze.

3 Blütenblätter als Krone
3 x aus weißem Filz im Doppel.
3 x aus weißem Baumwollsatin einfach.
3 Teile Blumendraht formen (siehe Zeichnung 1). Die Drahtenden ca. 30 cm lang lassen, damit die Blütenkrone einen genügend langen Stiel hat. Drahtenden miteinander verdrehen.

1 Filzstreifen als Stiel
1 Streifen aus mittelgrünem Filz 6 x 30 cm lang zuschneiden und um den Stiel der Blütenkrone kleben.

1 grüner Stiel
1 x aus mittelgrünem Filz einfach.
Mit Leim bestreichen, ausgenommen den obersten Blattteil, dann ebenfalls um den Stiel kleben (siehe Zeichnung 2).

6 grüne Blätter
6 x aus dunkelgrünem Filz im Doppel.
6 Teile Blumendraht formen (gemäß Blattform).

1 Handschuh
1 x aus dunkelgrünem Filz im Doppel.
Handschuhteile an der Rundung zusammennähen.

Jacke
1 x aus dunkelgrünem Filz im Doppel.

Hose
1 x aus mittelgrünem Filz im Doppel.

Schuhe
2 x aus dunkelgrünem Filz einfach.

Socken
6 x aus weißem Filz einfach. Je drei Socken werden oben in einen Schuh gesteckt.

Ein Arm, der umwickelte Blumenstiel und die Blätter werden in den Handschuh gesteckt (siehe Zeichnung 3).
Ein feines Satinband um den Handschuh, zwei Satinbänder als Gürtel um die Taille binden.

1

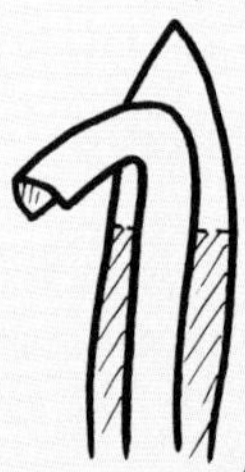

2

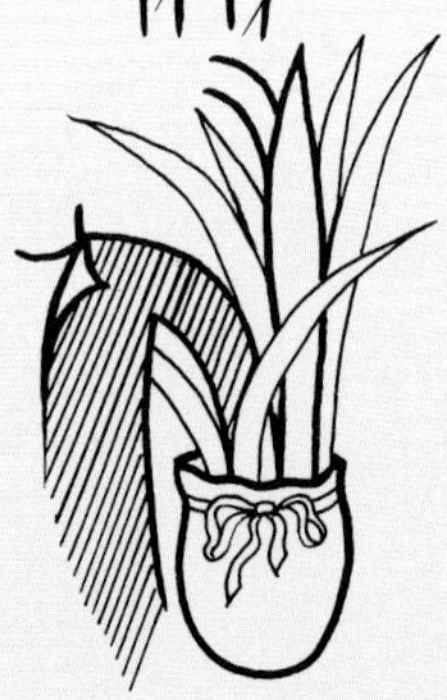

3

Narzisse

(Vorlagenbogen Seite A)

Vorlagen:

Weste,
Blütenstaub,
grüne Blätter,
große Blütenblätter,
kleine Blütenblätter

Blütenstaub als Kragen

1 x aus gelbem Filz einfach.
Anfertigung siehe Seite 14 und Zeichnung 1. Nach dem Kleben die oberste gewellte Kante mit rotem Filzstift bemalen.

3 grosse Blütenblätter als Krone

3 x aus weißem Filz im Doppel.
3 x aus weißem Baumwollsatin einfach.
3 Teile Blumendraht formen (siehe Zeichnung 2).

3 kleine Blütenblätter als Krone

wie große Blütenblätter anfertigen.
Aus den Blütenblättern zwei Ringe bilden und um den Hals der Blumenfee binden (siehe auch Seite 15).

2 grüne Blätter als Arme

2 x aus mittelgrünem Filz einfach.
Flach um die Arme kleben (siehe Zeichnung 3).

Ärmellose Weste

1 x aus dunkelgrünem Filz im Doppel.

Hose

1 x aus mittelgrünem Filz im Doppel.

Schuhe

2 x aus dunkelgrünem Filz einfach.

Haare

1 x aus Zapfenzieherfell, braun kurz.

Mütze

1 x aus mittelgrünem Filz einfach.
Mit grünem Satinband befestigen.

Gürtel aus weißem Satinband.

1

2

3

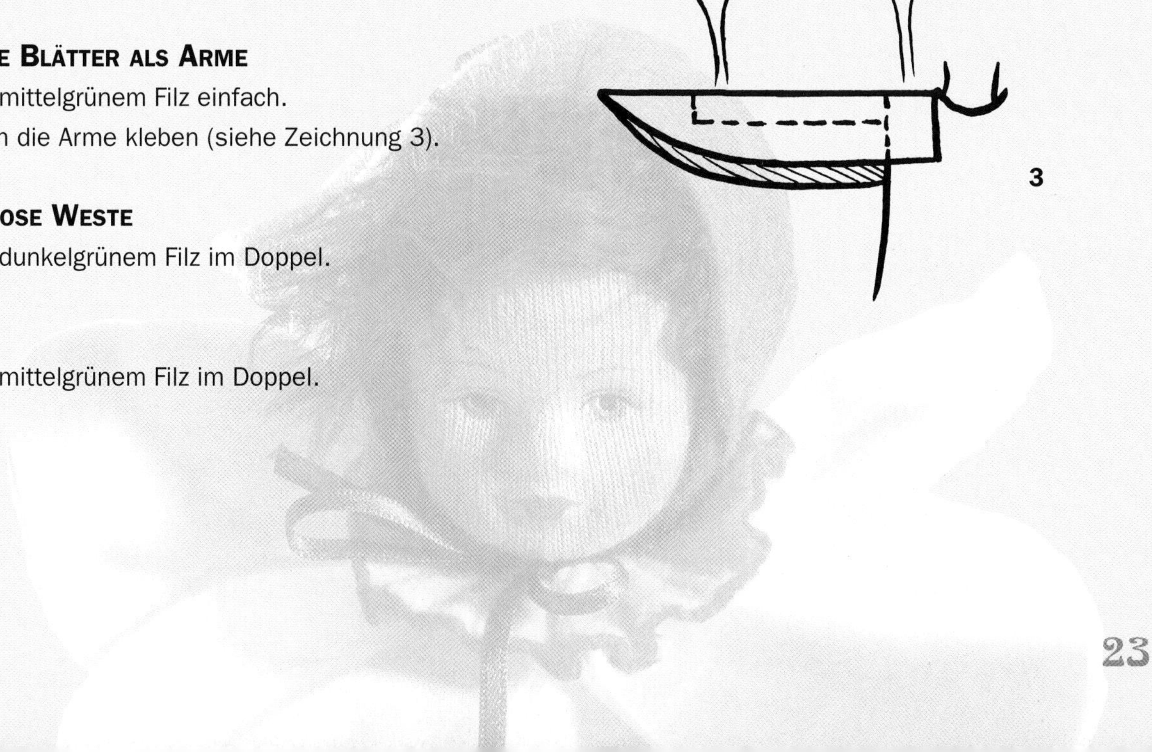

Iris

(Vorlagenbogen Seite A)

Vorlagen:

Weste,
grüne Blätter,
kleine Blütenblätter,
große Blütenblätter

3 kleine Blütenblätter als Krone

3 x aus dunkelviolettem Filz im Doppel.
3 x aus dunkelviolettem Satin einfach.
3 Teile Blumendraht formen (siehe Zeichnung 1).

3 grosse Blütenblätter als Kragen

3 x aus hellviolettem Filz im Doppel.
3 x aus weißem Satin einfach zum Bemalen.
3 Teile Blumendraht formen (siehe Zeichnung 2).
Aus den Blütenblättern zwei Ringe bilden und um den Hals der Blumenfee binden (siehe auch Seite 15).

2 grüne Blätter als Arme

2 x aus mittelgrünem Filz einfach.
Flach um die Arme kleben (siehe Zeichnung 3).

Ärmellose Weste

1 x aus mittelgrünem Filz im Doppel.

Hose

1 x aus dunkelgrünem Filz im Doppel.

Schuhe

2 x aus dunkelviolettem Filz einfach.

Haare

1 x aus Zapfenzieherfell, schwarz kurz.

Mütze

1 x aus dunkelviolettem Filz einfach.

Violettes Satinband an den Schuhen, als Gürtel und an der Mütze befestigen. Nach Wunsch an dem Gürtel eine Schelle anbinden.

1

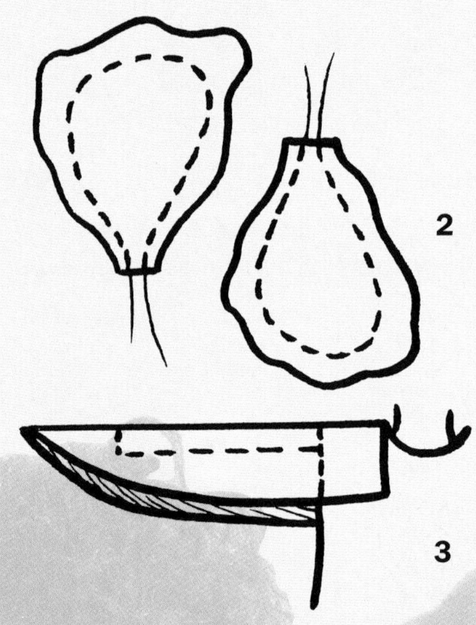

2

3

Schmetterling

(Vorlagenbogen Seite A)

Vorlagen:

großer Flügel,
kleiner Flügel,
Jacke

2 GROSSE FLÜGEL

2 x aus schwarzem Filz im Doppel.
2 x aus türkisfarbenem Satin einfach zum Bemalen.
2 Teile Blumendraht formen (siehe Zeichnung).
Die Drahtenden ca. 15 cm lang lassen, aufeinanderlegen und zusammendrehen.

2 KLEINE FLÜGEL

2 x aus schwarzem Filz im Doppel.
2 x aus türkisfarbenem Satin einfach zum Bemalen.
2 Teile Blumendraht formen (siehe Zeichnung).
Die Drahtenden ca. 20 cm lang lassen, ebenfalls aufeinanderlegen und zusammendrehen.
Die Schmetterlingsflügel werden im übrigen genauso wie die Blätter zusammengesetzt (siehe Seite 14).

Für die Befestigung der Flügel die Drahtenden je einmal um den Hals schlingen (siehe auch bei Kastanie, Seite 40).

JACKE

1 x aus schwarzem Filz im Doppel.

HOSE

1 x aus schwarzem Filz im Doppel.

SCHUHE

2 x aus türkisfarbenem Filz einfach.

HAARE

1 x aus Zapfenzieherfell, schwarz lang.

MÜTZE

1 x aus schwarzem Filz einfach.

FÜHLER

Einen 10 cm langen, schwarzen Pfeifenputzer durch zwei Schlitze in der Mütze ziehen.
Türkisfarbenes Satinband um den Hals binden.

Marienkäfer

(Vorlagenbogen Seite B)

Vorlagen:

Hose, klein,
Jacke,
schwarzes Flügelteil,
rotes Flügelteil,
Tupfen,
Kleeblatt,
Stiel

Das Figurengestell des Marienkäfers ist nur 18 cm groß.

HÄNDE
Mit Duvetine überziehen, wie auf Seite 9 beschrieben.

JACKE
1 x aus schwarzem Filz im Doppel.

1 SCHWARZES FLÜGELTEIL
1 x aus schwarzem Filz einfach.
Nur das obere Filzteil mit Leim bestreichen und auf das Rückenteil der fertiggenähten Weste kleben (siehe Zeichnung 1).

2 ROTE FLÜGELTEILE
1 x aus rotem Filz im Doppel.
1 Teil Blumendraht formen (siehe Zeichnung 2).
Die Flügel werden im übrigen genauso wie die Blätter zusammengesetzt (siehe Seite 14). Den fertigen Flügel oben mit Leim bestreichen und auf das schwarze Flügelteil kleben.

TUPFEN
5 x aus schwarzem Filz einfach.
Auf die roten Flügel kleben (siehe Zeichnung 3).

HAARE
1 x aus Zapfenzieherfell, schwarz kurz.

MÜTZE
1 x aus schwarzem Filz einfach.

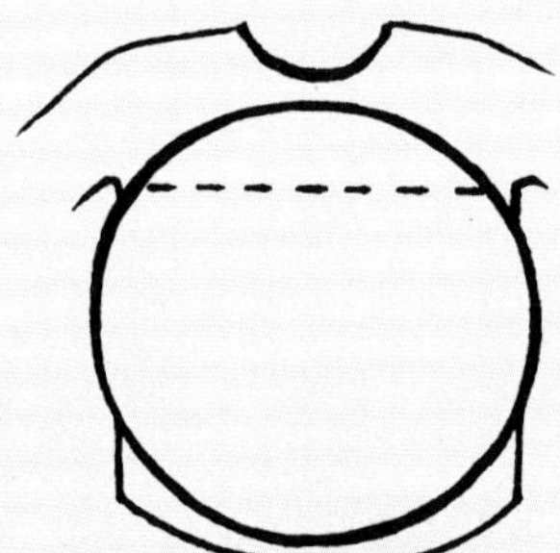

1

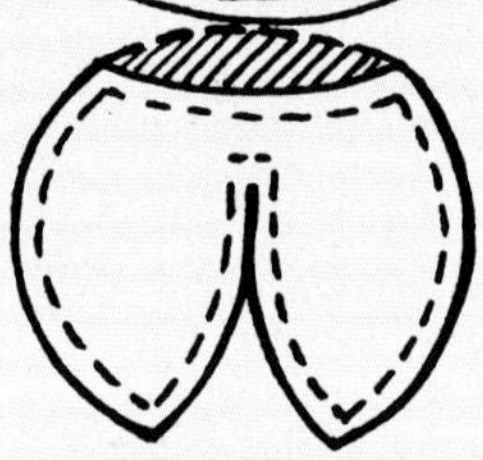

2

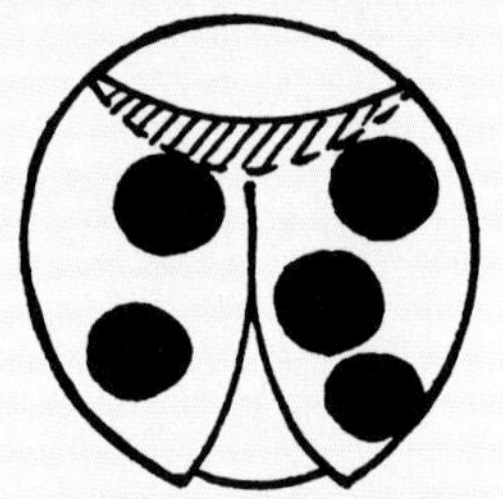

3

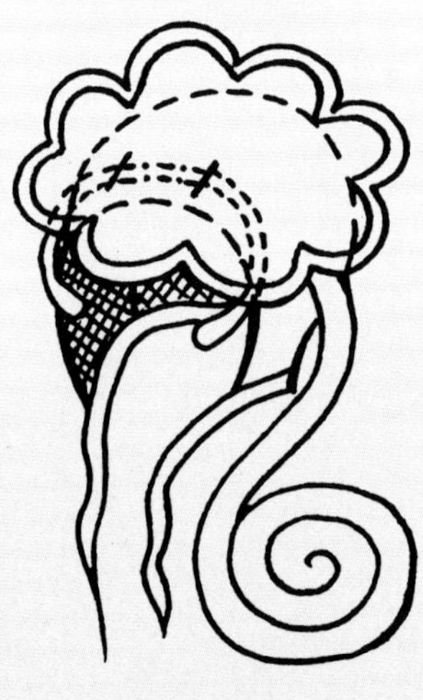

4

Kleeblatt

1 x aus mittelgrünem Filz einfach (an der gestrichelten Linie zuschneiden).

1 x aus hellgrünem Filz einfach (entlang der Außenkontur zuschneiden).

Beide Teile zusammen- und auf die Mütze kleben.

Stiel

1 x aus hellgrünem und

1 x aus dunkelgrünem Filz im Kreis ausschneiden, sodass zwei Spiralen entstehen. Beide Spiralen aufeinander- und an das Kleeblatt kleben (siehe Zeichnung 4).

Hose

1 x aus schwarzem Filz im Doppel.

Schuhe

2 x aus rotem Filz einfach.

Als Schmuck rote Kordel um den Hals und grünes Satinband um die Schuhe binden.

Rose

(Vorlagenbogen Seite B)

Vorlagen:

Weste,
Blütenblätter Nr. 1, Nr. 2 und Nr. 3,
grüne Blätter Nr. 4, Nr. 5 und Nr. 6,
Kragenblatt

Beide Arme mit mittelgrünem Filz überziehen (siehe Seite 9).

9 Blütenblätter in drei verschiedenen Grössen

(Vorlagen Nr. 1, Nr. 2 und Nr. 3)
Je 3 x aus rosafarbenem Filz im Doppel.
Je 3 x aus weißem Satin einfach zum Bemalen.
Je 3 Teile Blumendraht formen (siehe Zeichnung 1, Seite 32).
Aus den Blütenblättern drei Ringe bilden und um den Hals der Blumenfee binden (siehe auch Seite 15).

Grünes Kragenblatt

1 x aus mittelgrünem Filz einfach.
Auf der oberen Kante grünes Satinband annähen und um den Hals binden (siehe Zeichnung 2, Seite 32).

3 grüne Blätter für den linken Arm

(Vorlage Nr. 4, Nr. 5 und Nr. 6)
Je 1 x aus dunkelgrünem Filz im Doppel.
2 Teile Blumendraht formen für zwei der drei Blätter (siehe Zeichnung 3, Seite 32).
Drahtenden dieser Blätter ca. 5 cm lang lassen.
Mit einer Rundzange am Ende der Drähte ein kleines Häkchen formen, damit es später nicht herausrutschen kann.

In Ellenbogenhöhe zwei Schlitze in den Filzärmel schneiden und die Blätterdrähte hineinstecken. Das dritte Blatt (ohne Draht) wird auf der Hand befestigt: Zwischen die Filzteile kommt die Handschlaufe, damit man das Blatt ebenfalls biegen kann.

1

2 Grüne Blätter für den rechten Arm

(Vorlagen Nr. 4 und Nr. 6)
wie Blätter für den linken Arm arbeiten.
Ein Blatt sitzt am Ellenbogen, eines an der Hand.

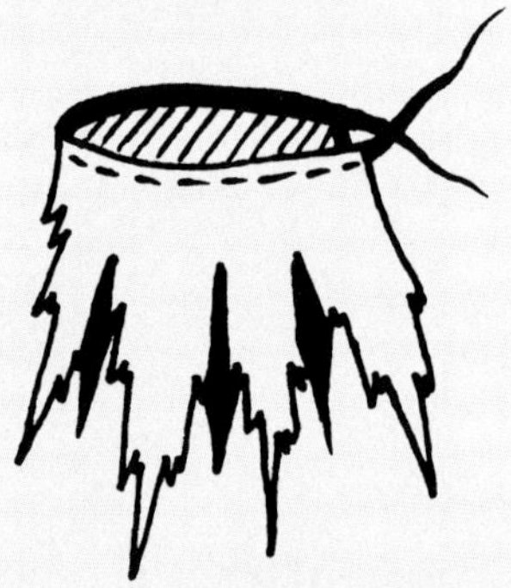
2

Ärmellose Weste

1 x aus dunkelgrünem Filz im Doppel.

Hose

1 x aus mittelgrünem Filz im Doppel.

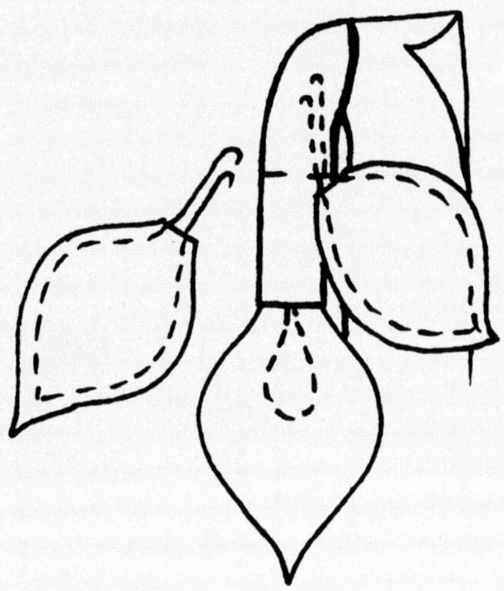
3

Schuhe

2 x aus rosafarbenem Filz einfach.

Haare

1 x aus Zapfenzieherfell, braun kurz.

Mütze

1 x aus rosafarbenem Filz einfach.

Ränder der grünen Blätter mit Zick-Zack-Schere schneiden.
Mütze und Schuhe mit kleinen Satinrosen verzieren.

Mohnblume

(Vorlagenbogen Seite B)

Vorlagen:

Blütenstaub,
Weste,
grüne Blätter für die Weste,
grünes Blatt für die Knospe,
Blütenblätter in drei Größen
(Nr. 1, Nr. 2 und Nr. 3)

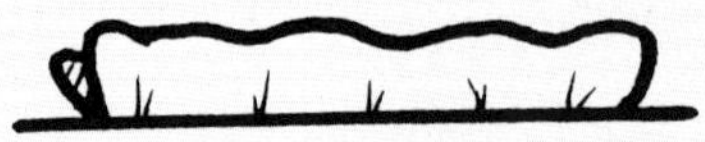
1

2

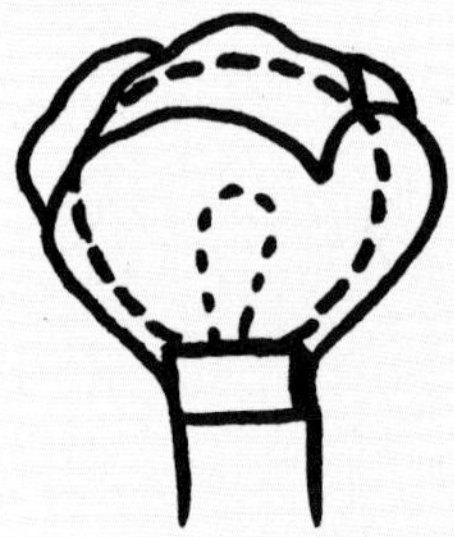
3

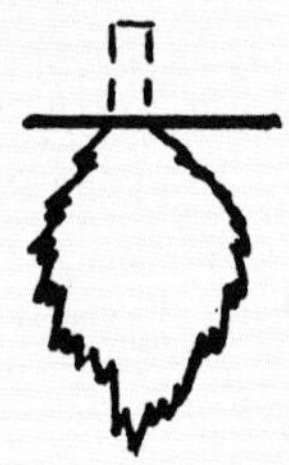
4

Beide Arme mit mittelgrünem Filz überziehen (siehe Seite 9).

Blütenstaub als Kragen

1 x aus schwarzem Filz einfach.
Anfertigung siehe Seite 14 und Zeichnung 1.

4 Blütenblätter in zwei verschiedenen Grössen

(Vorlagen Nr. 2 und Nr. 3)
Je 2 x aus rotem Filz im Doppel.
Je 2 Teile Blumendraht formen.

3 Blütenblätter in einer Grösse

(Vorlage Nr. 1)
3 x aus rotem Filz im Doppel.
3 Teile Blumendraht formen (siehe Zeichnung 2).
Aus den Blütenblättern zwei Ringe bilden und um den Hals der Blumenfee binden (siehe auch Seite 15).

Knospe

(Vorlage Nr. 2 und grünes Blatt für Knospe)
2 x aus rotem Filz einfach nach Vorlage Blütenblatt Nr. 2.
Sie brauchen 1 Holzkugel, Ø 2 cm mit Loch. Die Drahtschlaufe der linken Hand stecken Sie in das Loch der Kugel. Sollte das Loch zu klein sein, dann lässt sich die Schlaufe mit einer Flachzange zusammendrücken. Roten Filz um die Holzkugel kleben.
1 x aus mittelgrünem Filz einfach nach Vorlage grünes Blatt für Knospe.
Um die Knospe kleben (siehe Zeichnung 3).

6 Grüne Blätter für die Weste

Je 2 x aus dunkelgrünem Filz im Doppel.
Diese Blätter werden nach dem Zusammenkleben auf der linken Seite der Weste unten angeklebt (siehe Zeichnung 4).

Ärmellose Weste

1 x aus dunkelgrünem Filz im Doppel.

HOSE

1 x aus mittelgrünem Filz im Doppel.

SCHUHE

2 x aus rotem Filz einfach.

HAARE

1 x aus Zapfenzieherfell, schwarz kurz.

MÜTZE

1 x aus schwarzem Filz einfach (mit rotem Bändchen).

Grünes Satinbändchen für die Schuhe und den Gürtel.

Brombeere

(Vorlagenbogen Seite B)

Vorlagen:

Weste,
grüne Blätter,
Blütenblätter,
Fruchtblatt,
Blatt für Seitenschlitze

Beide Arme mit mittelgrünem Filz überziehen (siehe Seite 9).

Grüne Blätter

2 x aus mittelgrünem Filz das 5-teilige Blatt im Doppel.
10 x 20 cm Blumendraht schneiden. So bekommt jedes einzelne Blättchen ein eigenes Drahtende (ca. 15 cm).
Die jeweils 5 Drahtenden eines 5-teiligen Blattes werden dann 1 – 2 x zusammengedreht. So entstehen aus den 5 Blättchen 1 grosses Blatt pro Schulter (siehe Zeichnung 1). Die Drahtenden beider großen Blätter aufeinander legen, zusammendrehen und um den Hals schlingen (siehe Zeichnung 2).

Haare

1 x aus Zapfenzieherfell, braun kurz.

Mütze mit Fruchtblättern

1 x aus mittelgrünem Filz einfach (Vorlage Mütze).
8 x aus mittelgrünem Filz im Doppel (Vorlage Fruchtblatt).
Auf der linken Seite der Mütze zusammengeklebte Fruchtblätter aufkleben (siehe Zeichnung 3).
Etwa 100 schwarze und violette Holzkugeln (mit Loch) werden auf der ganzen Mütze verteilt aufgenäht.

Ärmellose Weste

1 x aus dunkelgrünem Filz im Doppel.

Applikationen für die Weste

(Vorlagen grüne Blätter und Blatt für Seitenschlitze)
2 x aus mittelgrünem Filz das 5-teilige Blatt im Doppel. Blätter ohne Drahtverstärkung zusammenkleben. Wie oben zu großem Blatt zusammenfügen und auf die Vorder- und Rückseite der Weste aufkleben.

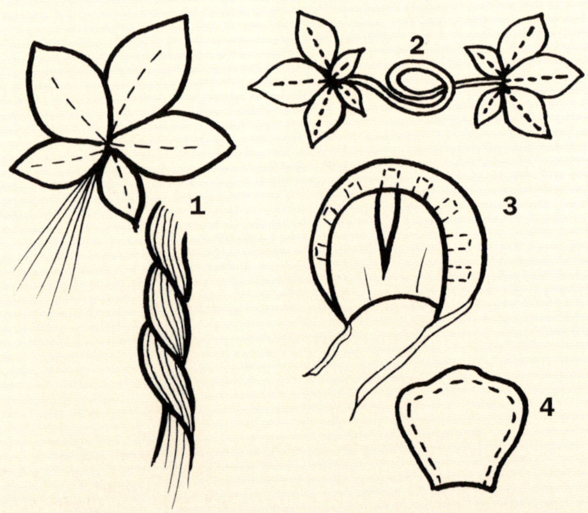

In der Mitte dieser Blätter kann man noch 5 schwarze und 2 violette Holzkugeln aufnähen.
2 x aus mittelgrünem Filzblatt im Doppel für beide Seitenschlitze der Weste.

Blütenblätter
5 x aus weißem Filz im Doppel.
5 x aus weißem Satin einfach zum Bemalen.
5 Teile Blumendraht formen (siehe Zeichnung 4).
Drahtenden in die rechte Handöffnung hineinstecken.
Für den Blütenstaub einen goldenen Pompon in die Blütenmitte. Beide Hände mit je 1 einzelnen, grünen Blatt im Doppel überkleben.

Hose
1 x aus mittelgrünem Filz im Doppel

Schuhe
2 x aus mittelgrünem Filz einfach.

Sonnenblume

(Vorlagenbogen Seite B)

Vorlagen:

Weste,
grüne Blätter,
Blütenblätter,
grüner Kragen

Beide Arme mit dunkelgrünem Filz überziehen (siehe Seite 9).

Blütenstaub

1 x aus rostbraunem Filz einfach für großen Kragen.
1 x aus braunem Filz einfach für kleinen Kragen (siehe Seite 14 und Zeichnung 1).
Nach dem Kleben den Rand mit einer Zick-Zack-Schere zuschneiden.

30 Blütenblätter für die Krone

30 x aus gelbem Filz im Doppel.
30 x 15 cm Blumendraht schneiden. So bekommt jedes Blatt ein eigenes Drahtende (siehe Zeichnung 2). Aus den Blütenblättern drei Ringe bilden und um den Hals der Blumenfee binden (siehe auch Seite 15).

Grüner Kragen

1 x aus dunkelgrünem Filz einfach.
Wie Blütenstaub (siehe Seite 14 und Zeichnung 3) anfertigen, aber nur bis zum durchbrochenen Strich kleben. Unter der Blüte anbringen.

2 grüne Blätter

2 x aus mittelgrünem Filz im Doppel.
Zwischen diesen beiden Filzteilen wird die vordere Hälfte der Arme eingeklebt (siehe Zeichnung 4).

Ärmellose Weste

1 x aus mittelgrünem Filz im Doppel.

Hose

1 x aus dunkelgrünem Filz im Doppel.

Haare

1 x aus Zapfenzieherfell, braun kurz.

Mütze

1 x aus mittelgrünem Filz einfach.

Schuhe

2 x aus mittelgrünem Filz einfach.
Nach Wunsch eine Schelle an einem grünen Satinband als Gürtel umbinden.

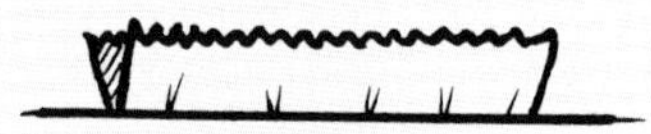

1

2

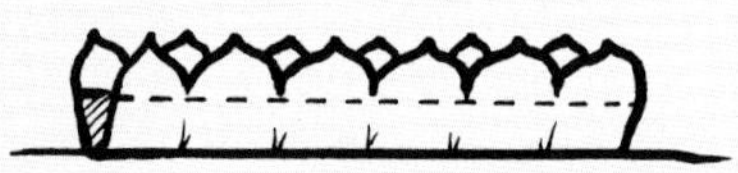

3

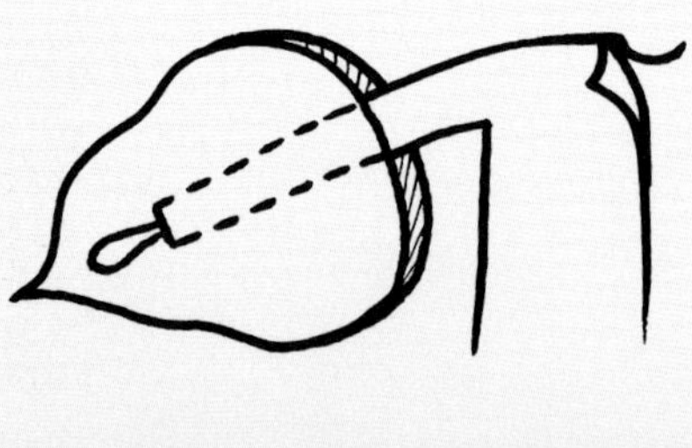

4

Kastanie

(Vorlagenbogen Seite B)

Vorlagen:

Schuhe, groß,
Jacke,
braune Blätter,
Schal

Damit die Kastanie das Kleid offen tragen kann, sollten Sie den Körper mit dunkelbraunem Filz oder Baumwollstoff überziehen.

Jacke

1 x aus hellbraunem Filz im Doppel.
1 x aus dunkelbraunem Baumwollstoff im Doppel.
Stoff und Filz zusammen verarbeiten, wie auf Seite 16 beschrieben. Baumwollstoff liegt außen.

Braune Blätter

Je 1 x aus hellbraunem Filz einfach.
Je 1 x aus rostbraunem Baumwollstoff einfach.
2 Teile aus Blumendraht formen, Drahtenden etwa 15 m lang lassen.
Stoff und Filz zusammen verarbeiten, wie auf Seite 16 beschrieben.
Beide Drahtenden aufeinanderlegen und zusammendrehen.

Schal

1 x aus dunkelbraunem Filz einfach.
Draht von Blättern mit Schal überkleben und um den Hals schlingen (siehe Zeichnung).

Schuhe

2 x aus hellbraunem Filz einfach.
2 x aus dunkelbraunem Baumwollstoff einfach.
Stoff und Filz zusammen verarbeiten, wie auf Seite 16 beschrieben.
Baumwollstoff ist nicht dehnbar, deshalb die Nähte mit Zick-Zack-Stich nähen ohne Nahtzugabe. So lassen sich die Nähte beim Anziehen dehnen und hinterher glatt legen.

Haare

1 x aus Zapfenzieherfell, braun lang.

Mütze

Als Mütze benutzt man eine Kastanienschale, die mit Hutgummiband um den Kopf gebunden wird. Wegen der langen Fellperücke ist das Gummiband gut versteckt.

Zwerg

(Vorlagenbogen Seite B)

Vorlagen:

Jacke,
Hose, klein,
Zipfelmütze,
Jackentasche,
Ärmelumschläge,
Bart

Das Figurengestell des Zwergs ist nur 18 cm groß.

Hände

Mit Duvetine überziehen, wie auf Seite 9 beschrieben, oder Holzhändchen anbringen.

Jacke

1 x aus rostbraunem Filz im Doppel.

Jackentasche

1 x aus dunkelgrünem Filz einfach.
An der gepunkteten Linie auf die Jacke aufsetzen.

Ärmelumschläge

2 x aus dunkelgrünem Filz einfach.
Auf die Ärmelenden der Jacke aufsetzen.

Hose

1 x aus mittelgrünem Filz im Doppel.

Zipfelmütze

1 x aus mittelgrünem Filz einfach.

Schuhe

2 x aus braunem Filz einfach.

Bart

1 x aus Lammfellresten zuschneiden und seitlich bis unter die Mütze kleben. So spart man die Perücke.

Grünes Satinband als Gürtel und eine Schelle am Mützenzipfel anbringen. Außerdem trägt der Zwerg einen gekauften Rucksack und eine Brille aus Draht.

Stechpalme

(Vorlagenbogen Seite A)

Vorlagen:

Weste,
Zipfelmütze,
Schulterblätter,
Schuhe, groß

Beide Arme mit mittelgrünem Filz überziehen (siehe Seite 9).

2 Schulterblätter

2 x aus dunkelgrünem Filz im Doppel mit Bruchkante.
2 x 20 cm Blumendraht.
Die eine Hälfte des Blattes bis Bruchkante mit Leim bestreichen. Draht auf die Bruchkante legen und die andere Hälfte des Blattes darüberklappen, sorgfältig andrücken (siehe Zeichnung). Mit den Drahtenden um den Hals binden.

Haare

1 x aus Zapfenzieherfell, weiß lang.

Zipfelmütze

1 x aus mittelgrünem Filz im Doppel mit Bruchkante. An die verschiedenen Spitzen werden rote Holzkugeln, Ø 8 mm mit Loch, angenäht.

Ärmellose Weste

1 x aus dunkelgrünem Filz einfach.
1 x aus dunkelgrünem Baumwollstoff einfach.
Stoff und Filz zusammen verarbeiten, wie auf Seite 16 beschrieben.
Am Ende der Brustöffnung 6 rote Holzkugeln und auf beiden Seitenschlitzen 3 rote Holzkugeln aufnähen.

Hose

1 x aus dunkelgrünem Filz im Doppel.

Schuhe

2 x aus mittelgrünem Filz im Doppel mit Bruchkante.
Auf den Schuhen und auf der Hand machen sich rote Holzkugeln auch sehr gut.

Weihnachtsstern

(Vorlagenbogen Seite A)

Vorlagen:

Weste,
Blütenblätter (Nr. 1 bis Nr. 5),
grüne Blätter (Nr. 6)

Beide Arme mit dunkelgrünem Filz überziehen (siehe Seite 9).

5 Blütenblätter für die Krone (Vorlage Nr. 1)
5 x aus rotem Filz im Doppel.
5 x 8 cm Blumendraht (siehe Zeichnung).

1 Blütenblatt für die Krone (Vorlage Nr. 2)
1 x aus rotem Filz im Doppel.
1 x 8 cm Blumendraht (siehe Zeichnung).

3 Blütenblätter für die Krone (Vorlage Nr. 3)
3 x aus rotem Filz im Doppel.
3 Teile Blumendraht formen (siehe Zeichnung).

3 Blütenblätter für die Krone (Vorlage Nr. 4)
3 x aus rotem Filz im Doppel.
3 Teile Blumendraht formen (siehe Zeichnung).

3 Blütenblätter für die Krone (Vorlage Nr. 5)
3 x aus rotem Filz im Doppel.
3 Teile Blumendraht formen (siehe Zeichnung).

Aus den 15 Blütenblättern vier Ringe bilden und um den Hals der Blumenfee binden (siehe auch Seite 15).

Grüne Blätter (Vorlage Nr. 6)
4 x aus mittelgrünem Filz einfach.
4 x aus dunkelgrünem Filz einfach.
2 Teile Blumendraht formen (siehe Zeichnung).

Jeweils 1 mittelgrünes und 1 dunkelgrünes Filzblatt zusammensetzen, 2 mit Drahteinlage, 2 ohne.
Die beiden Blätter mit Draht werden um den Hals gebunden, die beiden Blätter ohne Draht werden auf die vordere Hälfte der Arme geklebt (siehe auch bei Sonnenblume, Seite 38).

Ärmellose Weste
1 x aus dunkelgrünem Filz im Doppel.

Hose
1 x aus mittelgrünem Filz im Doppel.

Haare
1 x aus Zapfenzieherfell, schwarz kurz.

Mütze
1 x aus mittelgrünem Filz einfach.

Schuhe
2 x aus rotem Filz einfach.

Auf der Mütze und auf den Schuhen werden goldene Schmuckperlen aufgenäht.

Impressum

Sollten Sie interessiert sein an Kursen, dann melden Sie sich unter folgender Adresse:
M. Angela Maiolo
Weiermattstrasse 68
CH - 3027 Bern
Tel. 0041/31/991 25 50

Die Deutsche Bibliothek - CIP-Einheitsaufnahme
Blumenfeen: Kleine Puppen aus Stoff und Filz /
M. Angela Maiolo. -
München: Augustus-Verl., 2000
ISBN 3-8043-0695-0

Fotografie: Klaus Lipa, Diedorf bei Augsburg
Lektorat: Margit Bogner
Umschlagkonzeption: Kontrapunkt, Kopenhagen
Umschlaglayout und Herstellung: Charmaine Müller
Layout und Satz: Petra Pawletko, Augsburg

Augustus Verlag München 2000

Reproduktion: Mayr Repro-Technik GmbH, Donauwörth
Druck und Bindung: Appl, Wemding

Gedruckt auf 115g umweltfreundlich elementar chlorfrei gebleichtes Papier.

ISBN 3-8043-0695-0

Printed in Germany